VENTE

du Mercredi 4 Juin 1913

HOTEL DROUOT - SALLE N° 11

A DEUX HEURES

DESSINS — AQUARELLES

TABLEAUX

ANCIENS ET MODERNES

Mᵉ René **BALLU**

COMMISSAIRE-PRISEUR

M. F. **MARBOUTIN**

EXPERT

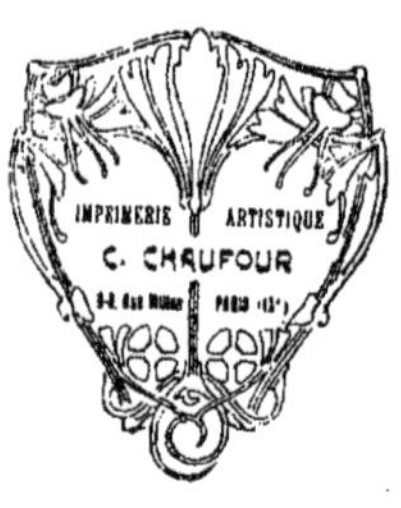
IMPRIMERIE   ARTISTIQUE
C. CHAUFOUR
9-2, Rue Millet   PARIS (13e)

CATALOGUE

DES

DESSINS, AQUARELLES

Anciens & Modernes

ENVIRON 400 PIÈCES

par ou attribués à :

Bertin, Bidauld, Carracci, Cals, Callot, Charlet, L. David

Flasman, Fortuny, Claude Gellée, Goltzius, Goya, Guardi, Hackert

Hobbema, J.-B. Isabey, Jacquemart, Van der Néer, Panini

Ribera, Tiepolo, P. Véronèze, Winterhalter, etc.

et des Ecoles : Allemande, Flamande, Française et Italienne

des XVIe, XVIIe, XVIIIe et XIXe Siècles

TABLEAUX ANCIENS ET MODERNES

des Ecoles : Espagnole, Flamande, Française et Italienne

des XVIe, XVIIe, XVIIIe et XIXe Siècles

DONT LA VENTE AURA LIEU A PARIS

HOTEL DES VENTES — SALLE N° 11

Le Mercredi 4 Juin 1913

A 2 HEURES

Me René BALLU	M. F. MARBOUTIN
COMMISSAIRE-PRISEUR	PEINTRE-EXPERT
12, Rue de la Victoire, 12	2, Rue de Marseille, 2

EXPOSITION PUBLIQUE :

Le Mardi 3 Juin 1913, de **2** heures à **6** heures

CONDITIONS DE LA VENTE

La vente sera faite au comptant.

Les adjudicataires paieront *dix pour cent* en sus des enchères.

L'exposition mettant le public à même de se rendre compte de l'état des tableaux des objets, il ne sera admis aucune réclamation une fois l'adjudication prononcée.

DÉSIGNATION

ECOLES ALLEMANDE, ANGLAISE & FRANÇAISE

1 — Sujets divers.

Six pièces : Aquarelles et lavis encre de Chine.

ECOLES ALLEMANDE, FLAMANDE & ITALIENNE

2 — Paysages et compositions.

Neuf dessins : Plume et lavis à l'encre de Chine.

ECOLE ANGLAISE
xixe siècle

3 — Portraits et sujets divers.

Quatorze pièces : Aquarelles, gouaches, dessins à la plume
et au crayon.

ECOLES ESPAGNOLE, FLAMANDE, FRANÇAISE
& ITALIENNE
xviie siècle

4 — Sujets d'histoire : Portraits, Etudes.

Quatorze dessins.

ECOLE DE FERRARE
xvie siècle

5 — Réunion d'un Concile.

Dessin au crayon.

ECOLE FLAMANDE
xvie siècle

6 — Le Berger.

Dessin à la plume.

ECOLE FLAMANDE
xviie siècle

7 — Paysage animé de personnages et animaux.

Dessin : Plume et sépia.

ECOLE FLAMANDE
xviie siècle

8 — Page d'études.

Dessin : Crayon et sanguine.

ECOLE FLAMANDE
xviie siècle

9 — Résurrection de Lazare. Portrait. Composition décorative.

Trois dessins : Sanguine, plume, sépia.

ECOLES FLAMANDE & ITALIENNE
xvie et xviie siècles

10 — Portraits. Etudes.

Onze dessins au crayon et à la sanguine.

ECOLE FLAMANDE

11 — Paysages. Animaux.

Cinq dessins : Plume et crayon mine de plomb.

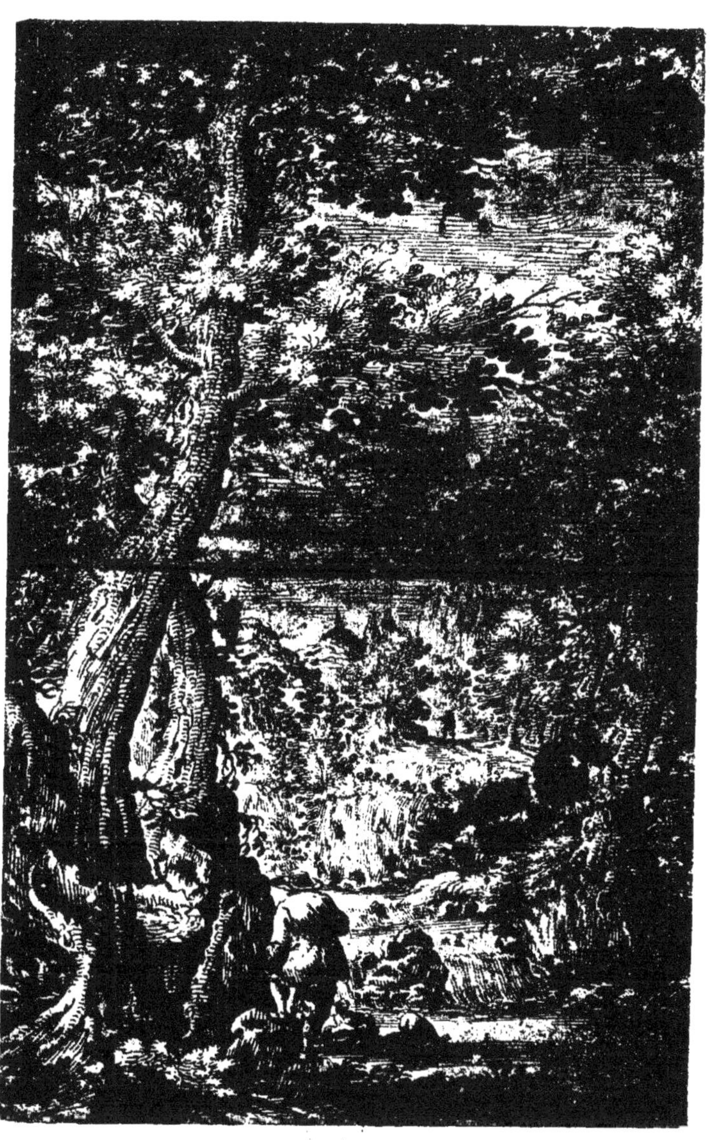

N.º 12

ECOLE FRANÇAISE
Commencement du xviie siècle

12 — Paysage avec personnages.

Dessin à la plume.

ECOLE FRANÇAISE
Commencement du xviie siècle

13 — Cavaliers attaqués par un taureau.

Important dessin à la plume.

ECOLE FRANÇAISE
Commencement du xviie siècle

14 — La mort d'Abel.

Beau dessin à la sanguine.

ECOLE FRANÇAISE
Fin du xviie siècle

15 — Tête de paysan.

Très beau dessin à la sanguine.

ECOLE FRANÇAISE
xviiie siècle

16 — Etude d'homme.

Dessin à la sanguine.

ECOLE FRANÇAISE
xviiie siècle

17 — Jeune femme tenant un plateau.

Dessin rehaussé.

ECOLE FRANÇAISE
(En partie du xviiie siècle)

18 — Paysages et marines.

Cinq pièces : Plume, aquarelle, sépia.

ECOLE FRANÇAISE

Des xviii' et xix' siècles

19 — Portraits, Paysages, Etudes.

Huit pièces : Aquarelles, dessins à la sanguine et au crayon.

ECOLE FRANÇAISE

(En partie du xviii' siècle)

20 — Figures et Compositions.

Quatre dessins à la sanguine.

ECOLES FRANÇAISE & ITALIENNE

xviie et xviii' siècles

21 — Sujets mythologiques, Paysages, etc.

Treize dessins : Plume et sépia.

ECOLE FRANÇAISE

xviii' siècle

22 — Deux têtes d'enfants, Portrait, Composition.

Quatre dessins à la sanguine.

ECOLE FRANÇAISE

xviii' et xix' siècles

23 — Compositions tirées de l'Histoire ancienne. Etudes

Six dessins : Lavis à la sépia, sanguine et plume.

ECOLES FRANÇAISE & ITALIENNE

xixe siècle

24 — Paysages, Croquis, etc.

Six pièces : Aquarelles et dessins à la plume.

ECOLE FRANÇAISE
xixe siècle

25 — Paysage avec cours d'eau et personnages.

Aquarelle.

ECOLE FRANÇAISE
Commencement du xixe siècle

26 — Composition tirée de l'Histoire romaine.

Lavis à la sépia et plume.

ECOLE FRANÇAISE DE 1830

27 — Paysages.

Huit pièces : Lavis à la sépia.

ECOLE FRANÇAISE
xixe siècle

28 — Ruisseau sous bois.

Dessin à la plume.

ECOLE FRANÇAISE
xixe siècle

29 — Portraits et études.

Onze dessins.

ECOLE FRANÇAISE
xixe siècle

30 — Paysages, Portraits, etc.

Dix pièces : Aquarelles et dessins.

ECOLE FRANÇAISE
xixe siècle

31 — Portraits et Etudes.

Huit pièces : Aquarelles et dessins à la sépia et plume.

ECOLE FRANÇAISE
xix⁰ siècle

3₂ -— Portraits et Etudes.

Huit dessins : Plume, mine de plomb et lavis à l'encre de
Chine.

ECOLE FRANÇAISE
xix⁰ siécle

33 — Sujets divers.

Cinq dessins : Sanguine et lavis encre de Chine.

ECOLE FRANÇAISE

3₄ — Portrait présumé de Natoire.

Dessin mine de plomb.

ECOLE FRANCAISE

35 —- La Danse, la Comédie, la Tragédie, etc.

Douze dessins à la plume.

ECOLES FRANÇAISE & ITALIENNE

36 — Etudes.

Cinq dessins à la sanguine.

ECOLE ITALIENNE
xvi⁰ siècle

37 — Apparition de la Vierge.

Dessin à la plume.

ECOLES D'ITALIE
xvi⁰ siècle

38 — L'Annonciation.

Dessin à la sanguine.

ECOLES D'ITALIE
XVIᵉ et XVIIᵉ siècles

39 — Sujets bibliques et mythologiques.

Cinq dessins : Plume, sépia et encre de Chine.

ECOLES D'ITALIE
XVIᵉ et XVIIᵉ siècles

40 — Compositions et Études.

Sept dessins : Plume et sanguine.

ECOLE D'ITALIE
XVIᵉ et XVIIᵉ siècles

41 — Etudes et Compositions tirées de l'Histoire ancienne.

Cinq dessins : Sanguine et sépia.

ECOLES D'ITALIE
XVIᵉ & XVIIᵉ siècles

42 — Compositions et portraits.

Neuf dessins. Sanguine, plume et lavis à l'encre de Chine.

ECOLES D'ITALIE
XVIᵉ & XVIIIᵉ siècle

43 — Compositions tirées de l'Histoire ancienne et de la Bible.

Huit dessins. Plume, lavis encre de Chine et sépia, sanguine.

ECOLE ITALIENNE
XVIIᵉ siècle

44 — L'Ascension de N.-S.

Dessin à la plume et lavis.

ECOLES D'ITALIE
xviie siècle

45 — Cinq compositions et études.

Sanguine, sépia et plume.

ECOLES D'ITALIE
xviie siècle

46 — Sujets tirés de la Bible et de l'Histoire ancienne.

Quatre dessins à la plume et lavis à la sépia.

ECOLES D'ITALIE
xviie siècle

47 — Compositions, Paysages.

Quatre dessins. Plume et lavis.

ECOLES D'ITALIE
xviie siècle

48 — Sujets tirés de l'Histoire grecque et romaine.

Sept dessins. Lavis encre de Chine et sépia.

ECOLE D'ITALIE
xviie siècle

49 — Sujets tirés de l'Histoire ancienne et l'Histoire romaine.

Six dessins. Sépia et plume.

ECOLES D'ITALIE
xvie & xviie siècles

50 — Esquisses et études.

Sept dessins. Crayon, plume et lavis.

ECOLES D'ITALIE
XVIᵉ & XVIIᵉ siècles

51 — Compositions diverses.

Cinq dessins. Plume, lavis à l'encre de Chine et à la sépia.

ECOLES D'ITALIE
XVIIᵉ siècle

52 — Compositions tirées de l'Histoire ancienne.

Sept dessins. Plume et sépia.

ECOLE D'ITALIE
XVIIᵉ siècle

53 — Poignées et marteaux de portes.

Sept dessins. Plume et lavis.

ECOLE D'ITALIE
XVIIᵉ siècle

54 — Sujets mythologiques et autres tirés de l'Histoire ancienne.

Six dessins. Sépia et plume.

ECOLES D'ITALIE
XVIIᵉ & XVIIIᵉ siècles

55 — Paysages, vues de villes, etc...

Douze pièces : aquarelles, plume et lavis encre de Chine.

ECOLE D'ITALIE
XVIIᵉ & XVIIIᵉ siècles

56 — Compositions tirées de l'Histoire ancienne.

Huit dessins à la sanguine.

ECOLES D'ITALIE

XVIIe & XVIIIe siècles

57 — Compositions et études.

Deux dessins à la sanguine.

ECOLES D'ITALIE

XVIIe & XVIIIe siècles

58 — Sujets tirés de l'Histoire ancienne.

Huit dessins. Sépia et plume.

ECOLE ITALIENNE

XVIIIe siècle

59 — Paysage avec personnages.

Gouache.

ECOLE ITALIENNE

XVIIIe siècle

60 — Fête villageoise.

Dessin à la plume.

ECOLE ITALIENNE

XIXe siècle

61 — Vues de Naples.

Six gouaches.

ECOLES D'ITALIE

62 -- Etudes.

Huit dessins à sanguine, plume, sépia.

ECOLES D'ITALIE

63 — Sujets tirées de la Bible et de l'Histoire ancienne.

Sept dessins. Lavis et plume.

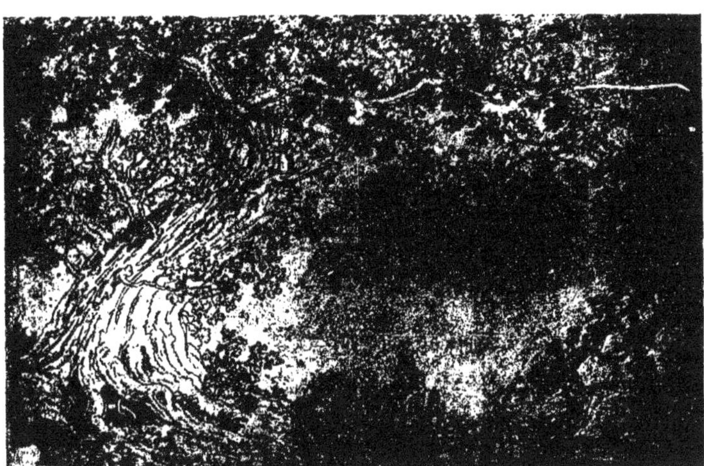

N° 102

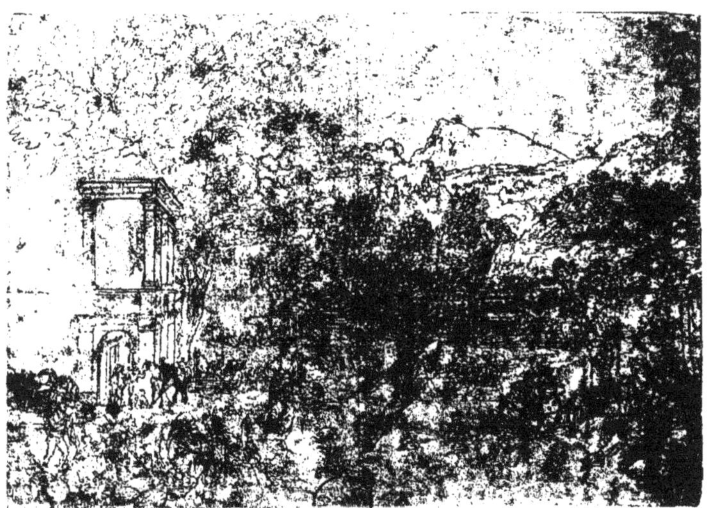

N° 60

ECOLE MODERNE

64 -- Au Campement. Mission française en Orient.

Aquarelle et gouache.

ECOLES VENITIENNE XVIᵉ SIECLE
FRANÇAISE XVIIᵉ SIECLE
FLAMANDE XVIIᵉ SIECLE

65 — Paysages.

Sept dessins à la plume.

ECOLE VENITIENNE
xviiᵉ siècle

66 — Sujet mythologique.

Dessin à la plume,

ECOLE VENITIENNE
xviiᵉ siècle

67 — Composition tirée de l'Histoire ancienne.

Dessin. Lavis et plume.

ECOLE VENITIENNE
xviiᵉ siècle

68 — Scène mythologique.

Dessin. Plume et lavis.

ECOLE VENITIENNE
xviiᵉ siècle

69 — Saint en prière.

Dessin à la plume.

ECOLE VENITIENNE

XVIIe siècle

70 — **Compositions tirées de l'Histoire ancienne.**

Sept dessins. Plume et sépia.

71 — **Ornements et architecture.**

Sept dessins.

ALLEGRI (Attribué à ANTOINE) dit le CORRÈGE

72 — **La Nativité.**

Importante sanguine.

BARBIERI (J.-F.)

73 — **La Vierge, l'Enfant et étude de têtes.**

Dessin à la plume.

BELLINI (D'après G.)

74 — **La Mise au tombeau.**

Dessin à la plume.

BERRETTINI (PIERRE) dit DE CORTONE

75 — **Consécration à la Vierge.**

Lavis et plume.

BERTIN, DELAROCHE (P.), FABRE, SENTIÈS, etc.

76 — **Portraits. Paysages. Composition décoratives.**

Quatorze dessins et aquarelles.

BIDAULD (J.)

77 — **Paysage.**

Lavis à la sépia.

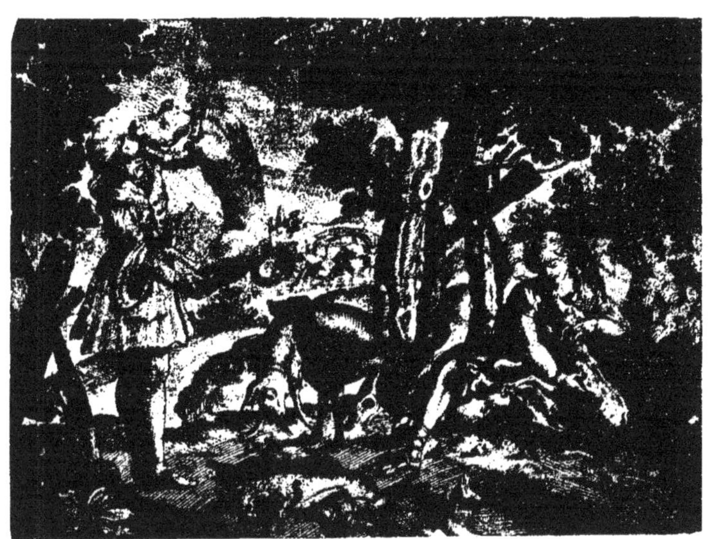

N° 84

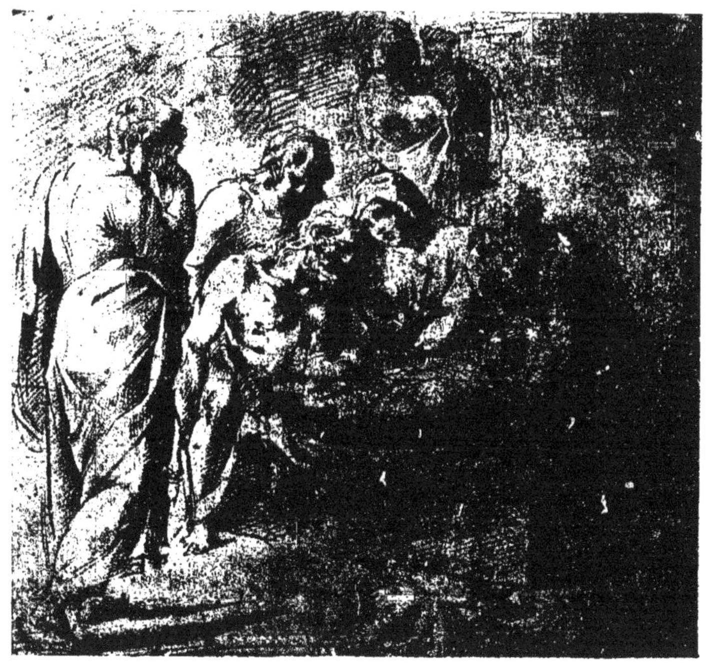

N° 95

BOUCHER (Ecole de)

78 — Tête de jeune fille.

Dessin au fusain.

BRIDGMAN (F.)

79 — Arabe.

Etude, Dessin crayon et sanguine.

CALS (Louis)

80 — Famille de pêcheurs.

Signé en bas à droite et daté Honfleur 1877. Aquarelle.

CARRACCI (Attribué à Annibal)

81 — L'Adoration des bergers.

Important dessin. Lavis encre de Chine et rehauts blancs.

CARRACCI (Attribué à Annibal)

82 — Jeune homme et faunes.

Etude d'homme au verso. Dessin à la plume.

CARRACCI (Attribué à Annibal)

83 — Bacchantes et faunes.

Deux dessins. Sépia et plume.

CARON (Attribué à Antoine)

84 — Diane au repos.

Dessin à la plume.

CARPEAUX (J.-B.)

85 — Un Baptême sous Louis XVI.

Croquis à la plume.

CHARLET

86 — La Grand'Mère.

> Signé en bas à droite.
> Sépia.

CHARLET

87 — La Maîtresse d'école.

> Lavis à la sépia.

DAVID (Louis)

88 — Projet de décoration de la loggia dei Lanzi à Flo
rence pour une fête en l'honneur de Napoléon Ier.

> Signé en bas à droite.
> Aquarelle et plume.

DELACROIX (Attribué à Eug.)

89 — Combat de cavaliers.

> Dessin à la plume.

FORTUNY (M.)

90 — Terrasse d'un café à Rome.

> Signé en bas à droite.
> Sépia.

FORTUNY (M.

91 — Fontaine et place à Palerme.

> Lavis à la sépia rehaussé de gouache.

FIORRI (Frédéric, dit BAROCCI)

92 — Le Sauveur.

> Dessin au crayon et à la sanguine.

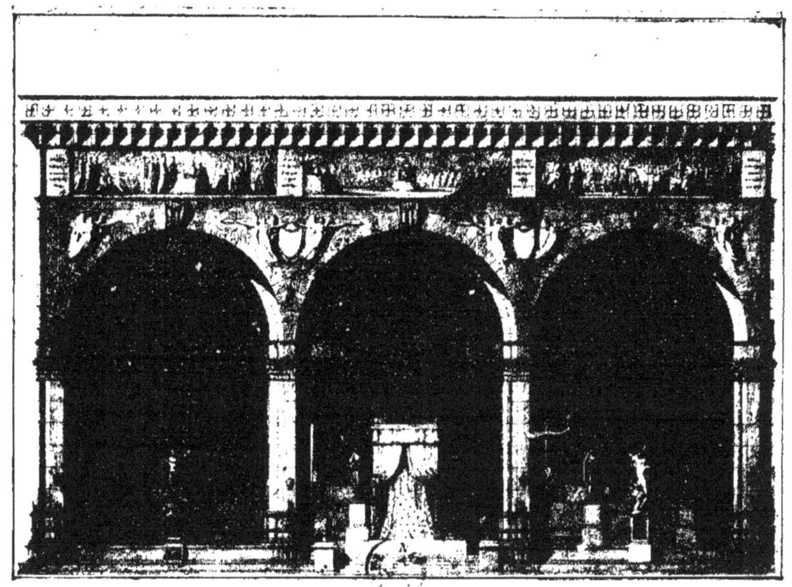

N° 88

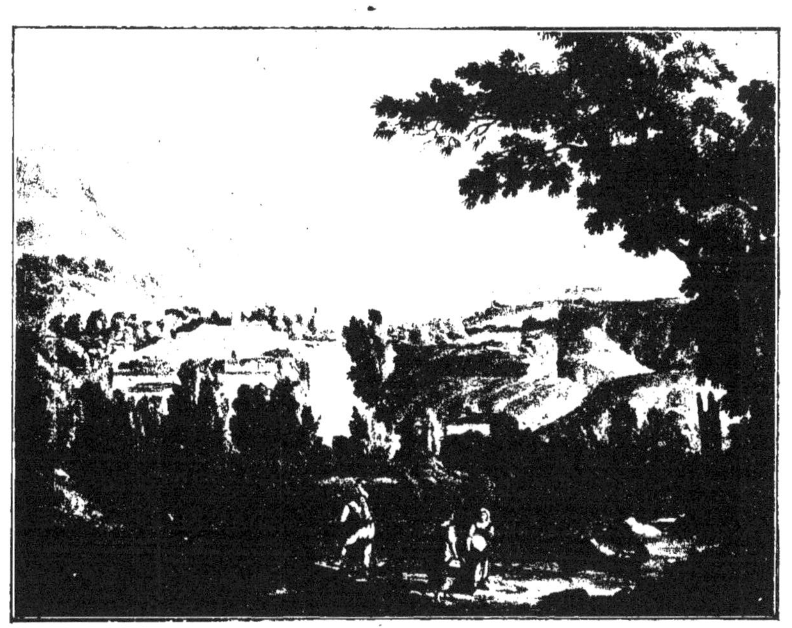

N° 99

FLASMAN (Jean)

93 — Quatorze compositions pour une illustration de l'Iliade et de l'Odyssée.

Dessins à la plume.

GELLÉE (Attribué à Claude), dit LE LORRAIN

94 — Paysage.

Beau dessin : lavis, encre de Chine et sépia.

GOLTZIUS (Henri)

95 — La Mise au tombeau.

Monogramme à droite.
Dessin à la sanguine.

GOYA Y LUCIENTÈS (Attribué à)

96 — Taureau attaqué par des chiens.

Sur l'autre face :

Combat de chevaux.

Dessin à la plume.

GRÉVIN (A.)

97 — Scènes parisiennes.

Neuf dessins à la plume.

GUARDI (Attribué à)

98 — Galerie à Venise.

Lavis à la sépia.

HACKERT (S.-P.)

99 — Paysage d'Italie avec personnages.

Signé en bas à gauéhe. Daté 1773.
Aquarelle.

HOBBEMA (Ecole d')

400 — Le Chasseur.

Sépia.

HUBERT-ROBERT (Attribué à)

101 — Cour d'un château.

Dessin à la plume.

HUBERT-ROBERT (Attribué à)

102 — Paysage avec personnages.

Dessin à la plume.

ISABEY (Ecole de J.-B.)

103 — Portrait de femme.

Dessin aux trois crayons.

JACQUEMART

104 — Chemin près Menton.

Signé en bas à gauche et daté : Menton, 1880.
Aquarelle.

LE BRUN, CALLOT, COURTOIS, COYPEL (Attribués à)

105 — Compositions tirées de la Bible et de l'Histoire
ancienne.

Sept dessins à la plume et lavis à la sépia.

LE CLÈRE (S.)

106 — La Lecture.

Signé à gauche et daté 1760.
Aquarelle.

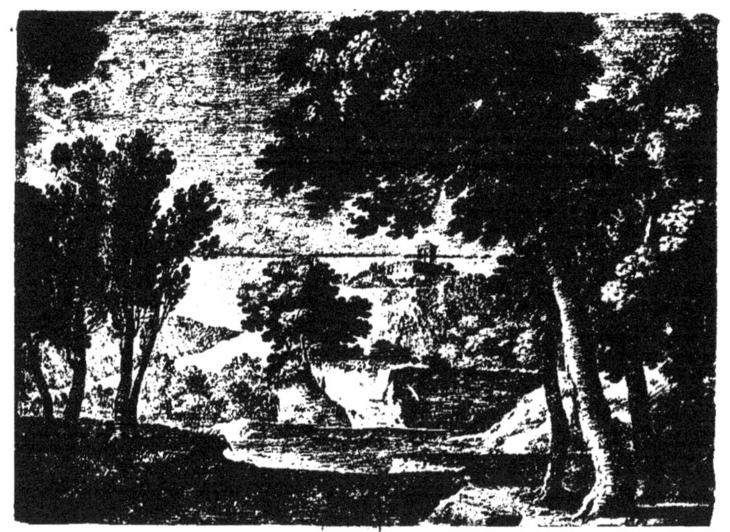

N° 109

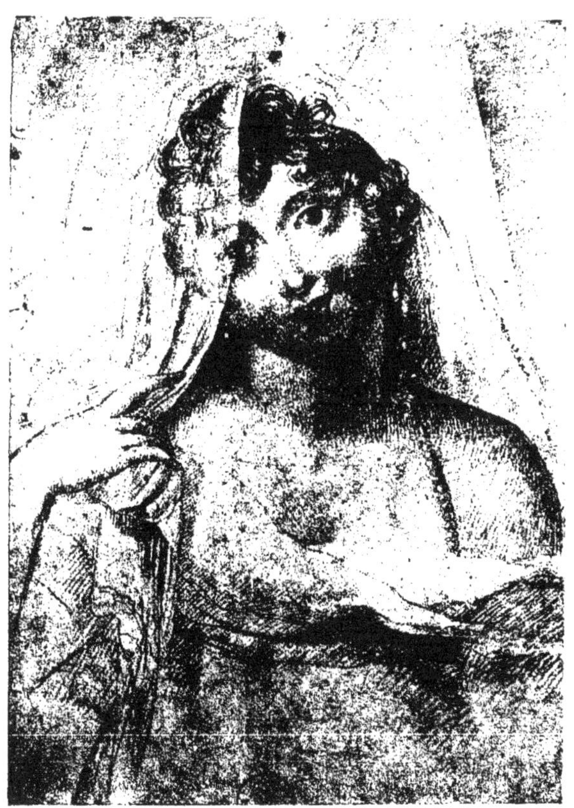

N° 103

LENAIN (Attribué à)

107 — Paysans au repos.

Dessin à la plume et sépia.

MENABUONI (JOSEPH)

108 — Portrait de Nicolas de Largillierre.

Dessin au crayon.

NEER (A. Van der)

109 — Paysage avec cours d'eau.

Dessin à la plume.

PANINI (Attribué à

110 — La Sortie du Temple.

Aquarelle et plume.

POUSSIN

111 — Moïse sauvé des eaux.

Dessin à la sanguine.

ROBERT (Attribué à NICOLAS)

112 — Homme du peuple. Rome.

Signé à droite et daté : Roma, 1759.
Aquarelle.

RUBENS (Ecole de

113 — Etude d'enfant.

Dessin à la sanguine.

STEFANO DELLA BELLA (Attribué à)
ÉCOLE FLORENTINE XVIIe SIÈCLE

114 — Aiguières, vases, coffet, poignée d'épée, chande-
lier. etc.

> Intéressante série de huit pièces : plume et sépia.

RIBERA (Joseph, dit L'ESPAGNOLET)

115 — Le Vieux Mendiant.

> Dessin au crayon.

TIEPOLO (Attribué à G.)

116 — Trois compositions.

> Encre de Chine, plume et sépia.

VÉRONÈSE (Attribué à Paul)

117 — « Il y aura toujours des pauvres avec vous, mais
moi vous ne m'aurez pas toujours ».

> Beau et important dessin au crayon.
> Le tableau. qui appartient au musée de Gênes, a été gravé
> par Giovanni Volpato.

VINCI (Ecole de Léonard de)

118 — Tête de femme.

> Dessin à la plume.

WILSON (Richard)

119 — La Réparation des bateaux de pêche.

> Aquarelle.

WINTERHALTER (F.)

120 — Portrait de femme.

> Signé en bas à droite et daté 1857.

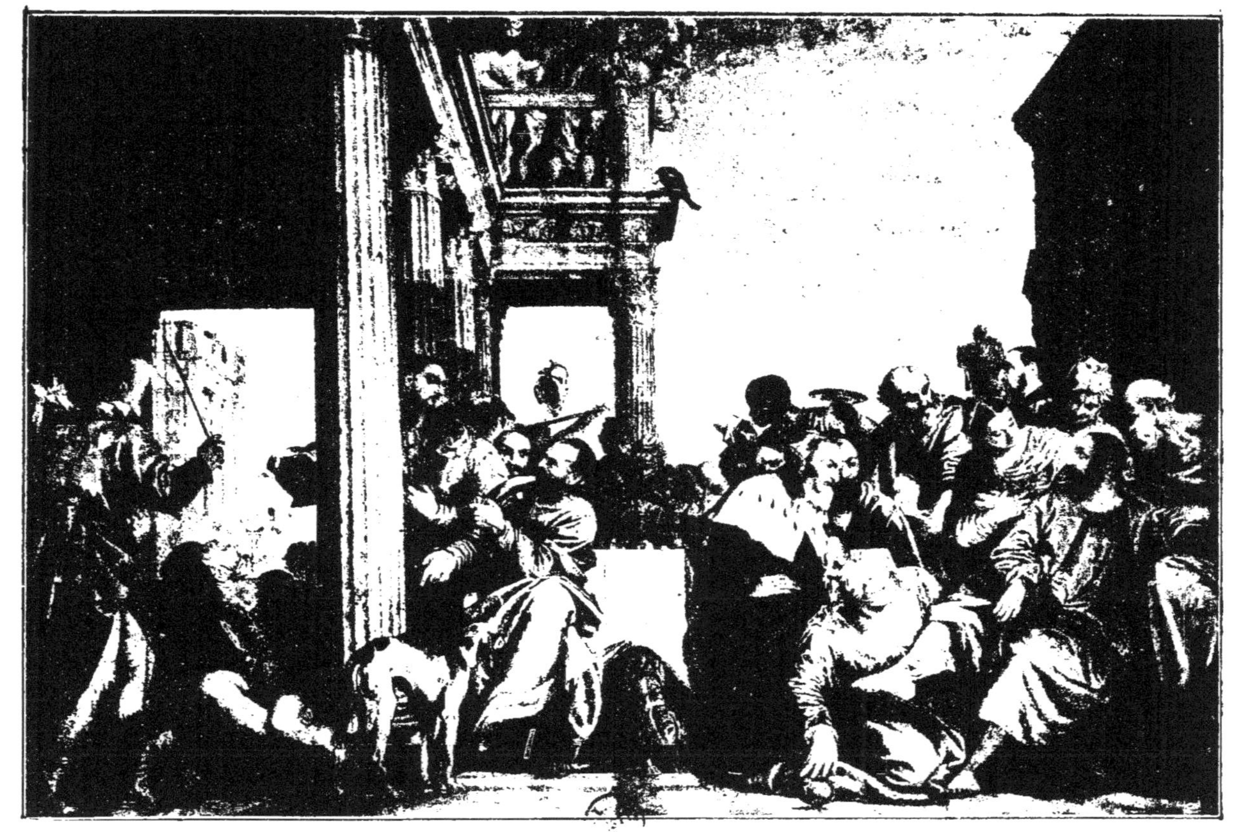

N° 117

TABLEAUX

ANCIENS ET MODERNES

AMERIGHI (Attribué à)
(Dit le CARAVAGE)

121 — Saint Mathieu et l'Ange.

    Toile.   Haut.: 0m71; Larg. : 0m53.

ANTONIO ENRIQUEZ

122 — Portrait de Grégoire Lopez.

    Signé en bas à droite.
    Cuivre.   Haut : 0m28; Larg. : 0m21.

BOILLY (École de)

123 — La Promenade dans le parc.

(Portraits des enfants du prince Demidoff).

    Toile.   Haut. : 0m87; Larg. : 1m17.

BRAMER (Attribué à)

124 — Ermites préparant leur repas.

    Toile.   Haut. : 0m62; Larg.: 0m77.

CAMUCCINI (Attribué à VINCENT)

125 — La Mort de Saint Joseph.

    Toile.   Haut.: 0m66; Larg. : 0m81.

CANO (Attribué à ALONZO)

126 — Le Christ en croix; de chaque côté la Vierge et
Saint Jean.

   Toile.   Haut. : 0m75; Larg. : 0m51.

CERQUOZZI (Attribué à MICHEL-ANGELO)

127 — Fleurs dans un vase.

   Toile.   Haut. : 0m82; Larg. : 0m71.

ECOLE ESPAGNOLE (D'après A. DURER)

128 — La Trinité.

   Cuivre.   Haut. : 0m44; Larg. : 0m37.

ÉCOLE ESPAGNOLE
XVIe siècle

129 — L'Annonciation.

   Toile.   Haut. : 0m71; Larg. : 0m98.

ÉCOLE ESPAGNOLE
XVIIe siècle

130 — La Vierge et l'Enfant.

   Toile.   Haut. : 0m62; Larg. : 0m53.

ÉCOLE ESPAGNOLE
XVIIe siècle

131 — Saint François.

   Toile.   Haut. : 0m76; Larg.: 0m62.

ÉCOLE ESPAGNOLE
XVIIe siècle

132 — La Vierge, l'Enfant et un Donateur.

   Cuivre.   Haut. : 0m30; Larg. : 0m24.

ÉCOLE FLAMANDE
XVIIe siècle

133 — Carpe, perches et accessoires de pêche.

Bois.   Haut.: 0^m58; Larg.: 0^m65.

ÉCOLE FLAMANDE
XVIIe siècle

134 — Ruines avec personnages et animaux.

Toile.   Haut.: 0^m65; Larg.: 0^m85.

ÉCOLE FRANÇAISE
XVIIe siècle

135 — Portrait de jeune femme.

Toile.   Haut.: 0^m73; Larg.: 0^m59.

ÉCOLE FRANÇAISE
XVIIe siècle

136 — Moine écrivant.

Toile.   Haut.: 0^m90; Larg.: 0^m72.

ÉCOLE FRANÇAISE
XVIIe siècle

137 — Le Sacrifice d'Iphigénie.

Toile.   Haut.: 0^m64; Larg.: 0^m85.

ÉCOLE FRANÇAISE
XVIIe siècle

138 — Portrait d'homme.

Toile.   Haut.: 0^m84; Larg.: 0^m63.

ÉCOLE FRANÇAISE
xviiie siècle

139 — Le Retour du troupeau.

Toile. Haut. : 0m73; Larg : 1m05.

ECOLE FRANÇAISE

140 — Repas champêtre.

Cuivre. Haut. : 0m15; Larg.: 0m21.

ECÓLE FRANÇAISE DE 1830

141 — Chasse à courre.

Toile. Haut. : 0m93; Larg.: 0m74.

ECOLE FRANÇAISE
xixe siècle

142 — Sous la garde de l'Ange.
Abandonnée.

Deux toiles ovales. Haut.: 0m39: Larg : 0m51.

ECOLE HOLLANDAISE
xviie siècle

143 — Fleurs dans un vase et volatile.

Toile. Haut. : 0m91: Larg. : 0m72.

ECOLE ITALIENNE
xviie siècle

144 — La Vierge et l'Enfant.

Miniature sur parchemin.
Cadre en bois sculpté. Travail espagnol.

ECOLE ITALIENNE

xvii° siècle

145 — Paysage animé de personnages.

Toile.   Haut. : 0^m74; Larg. : 1 m.

ECOLE ITALIENNE

xvii° siècle

146 — L'Enfant Jésus et saint Jean-Baptiste.

Toile.   Haut.: 0^m5o; Larg. : 0^m61.

JOUVENET (Attribué à JEAN)

147 — Le Baptême de Notre-Seigneur.

Toile.   Haut. : 1^m28; Larg.: 1 m.

MARKO (C.)

148 — Scène biblique.

Signé au milieu en bas.

Toile.   Haut. : 0^m65; Larg. : 0^m86.

MEMINGEN (J.)

149 — Portrait de Jacob Gerren.

Signé et daté 1698.

Toile.   Haut.: 0^m56; Larg. : 0^m69.

ECOLE MODERNE

150 — La Lecture du Journal.

Carton.   Haut. : 0^m31; Larg. : 0^m24.

MURILLO (Ecole de)

151 — L'Immaculée-Conception.

Toile.   Haut.: 0^m57; Larg. : 0^m44.

ECOLE NAPOLITAINE
XVIIᵉ siècle

152 — Berger gardant son troupeau.

Toile.   Haut.: 0ᵐ49; Larg. : 0ᵐ73.

ECOLE NAPOLITAINE
XVIIᵉ siècle

153 — Famille de paysans.

Toile.   Haut. : 0ᵐ51; Larg. : 0ᵐ73.

PANINI (Attribué à)

154 — Paysages avec ruines et personnages.

Toile.   Haut.: 0ᵐ22; Larg.: 0ᵐ46.

PETRAGLIA (J.)

155 — Caravane aux environs du Caire.

Signé à droite.
Toile.   Haut.: 0ᵐ69; Larg.: 1ᵐ04.

REMBRANDT (Ecole de)

156 — La Descente de croix.

Toile.   Haut. : 0ᵐ69; Larg. : 0ᵐ49.

RIVIÈRE (E.)

157 — Paysage de l'Amérique du Sud.

Signé en bas à gauche.
Toile.   Haut.: 0ᵐ87; Larg.: 0ᵐ64.

RIZI (Attribué à)

158 — La Vierge, l'Enfant et saint Bernard.

Toile.   Haut.: 0ᵐ68; Larg.: 0ᵐ52.

ECOLE VENITIENNE
XVIe siècle

159 — La Descente de croix.

>Peinture sur verre.
>Cadre bois incrusté en os. Travail espagnol.

ECOLE VENITIENNE
XVIe siècle

160 — Le Christ conduit à Pilate.

>Toile   Haut.: 0m70 ; Larg. : 0m53.

ECOLE VENITIENNE
XVIIe siècle

161 — Les Noces de Cana.

>Toile.   Haut.: 1m10 ; Larg.: 1m63.

VERNET (Ecole de JOSEPH)

162 — Groupe de pêcheurs à l'entrée d'un port.

>Toile.   Haut.: 0m61 ; Larg.: 0m82.

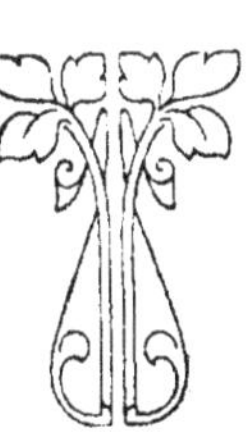